Einmal, da habe ich zwei *Weihnachten* gerettet
und *dreizehn Leben* verändert,
und das kam so ...

Jana →

ich ↗

Mama ↗

Für Naira — I. A.

Für Kirsten — D. K.

Isabel Abedi

Ein wirklich
WAHRES
Weihnachts-
WUNDER

Illustriert von
Daniela Kohl

1.

Es war am Vormittag des 24. Dezembers.

BERLIN HAUPTBAHNHOF

Draußen nieselte leise der Regen, aber drinnen im Bahnhof herrschte ein Gebimmel und Gewimmel, und meine Schwester Jana und ich waren froh, als wir endlich im Zug saßen.

Am Bahngleis drückte Mama ihre nasse Nase an der Fensterscheibe platt und gab uns Fingerfuchtelzeichen, auf was wir alles achten sollten.

Vor allem ICH. Denn Jana war ja erst fünf und damit nur halb so alt wie ich, und deshalb musste ich heute doppelt und sogar dreifach gut achtgeben.

Erstens auf **mich,**

zweitens auf **Jana**

und drittens auf unseren **Koffer.**

Der war weihnachtsrot und extragroß und deshalb war Mama vorhin auch extra noch mit uns in den Zug geflitzt.

Sie hatte den Koffer ins Gepäckregal am Eingang des Großraumwagens gerollt, weil er da am besten Platz hatte und niemandem auf den Kopf fallen konnte.

Das war im Sommer nämlich mit der **Schweinchen-im-Schlammbad-Torte** einer jungen Frau passiert.

Wir hatten die Torte noch in ihrer Transportbox gesehen, bevor die Frau sie auf der Gepäckablage über ihrem Sitzplatz abgestellt hatte.

Sie hatte ziemlich lecker ausgesehen.

Also nicht die Frau, sondern die Torte.

In einem Schlammbad aus Nutella, Vanillepudding und Schlagsahne hatten sich lauter kleine Marzipanschweinchen gesuhlt, und die Frau hatte uns ganz stolz erzählt, dass sie die Schweinchen selbst geformt und die Torte für ihren Verlobten zum Geburtstag gebacken hatte.

Aber als der Zug plötzlich bremsen musste,

QUiiiiiiiETSCH

waren die Schweinchen samt Schlammbad
aus der Transportbox geflogen

FLATSCH

und einem älteren Herrn im Gang
gegenüber auf die Glatze geklatscht.

**Heiliger
Matsch-Patsch,**
war das eine
SCHWEINEREI
gewesen!

In unserem Koffer transportierten wir natürlich keine Torte, aber dafür eine **Dose** mit selbst gebackenen Plätzchen:

Zimtsterne, Vanillekipferl und

CANDY CANE COOKIES.

Die sind Janas **allerliebste** Weihnachtsleckerei.

Portionen: 30–40 Stück, Vorbereitungszeit: 15 Minuten,
Kühlzeit: 2 Stunden, Backzeit: 10–12 Minuten

Zutaten:
250 g Mehl
125 g kalte Butter
75 g Zucker
1 EL Vanillezucker
1-mal ausgeschabtes Vanillemark
1 Prise Salz
1 Ei
rote Lebensmittelfarbe

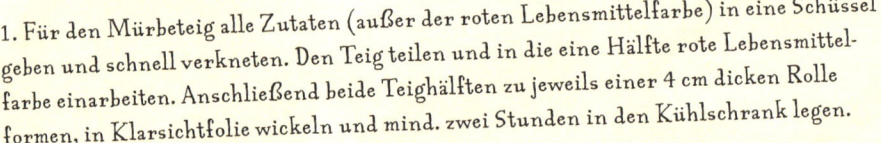

1. Für den Mürbeteig alle Zutaten (außer der roten Lebensmittelfarbe) in eine Schüssel geben und schnell verkneten. Den Teig teilen und in die eine Hälfte rote Lebensmittelfarbe einarbeiten. Anschließend beide Teighälften zu jeweils einer 4 cm dicken Rolle formen, in Klarsichtfolie wickeln und mind. zwei Stunden in den Kühlschrank legen.

2. Den Backofen auf 175 Grad Ober-/Unterhitze vorheizen und zwei Backbleche mit Backpapier auslegen.

3. Von beiden Teigrollen 0,5 cm dicke Scheiben abschneiden und bleistiftdünne Stränge rollen, ungefähr fingerlang. Tipp: Nur kleine Portionen aus dem Kühlschrank nehmen und verarbeiten, damit der Teig nicht zu warm wird.

4. Jeweils einen roten und einen hellen Strang nehmen und die beiden umeinanderwinden. Dann auf das kalte Backblech legen. Für die typische Spazierstock-Optik das obere Ende leicht krümmen. Mit einem Messer die Enden sauber abschneiden.

5. Die Candy Cane Cookies ca. 10–12 Minuten backen und <u>nicht braun</u> werden lassen!

Janas allerliebstes *Weihnachtskleid* war auch im Koffer.

Und ihre *Flügel.*

Und ihr *Glitzerhaarreifen* mit dem Leuchtstern zum Anknipsen,

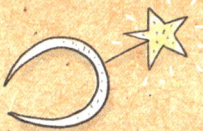

weil Jana am Weihnachtsabend unbedingt das Christkind sein und die Geschenke verteilen wollte.

Ich würde die musikalische Begleitung übernehmen. Deshalb hatte ich mein **Saxofon** eingepackt.

Was noch im Koffer war?
Unsere Geschenke!

Also, nicht die Geschenke für uns,
sondern die Geschenke **von uns**.

An meinen hatte ich wochenlang
genäht und gezimmert
und gebastelt und gewerkelt.

Mama:

Papa: P

Jana: Sc

Opa Sam

Alles hinter verschlossener Tür, versteht sich.

Und dann hatte ich sie verpackt
und versiegelt und versteckt
und verriegelt, damit auch
ja niemand vorher an ihnen
herumschnüffelte.

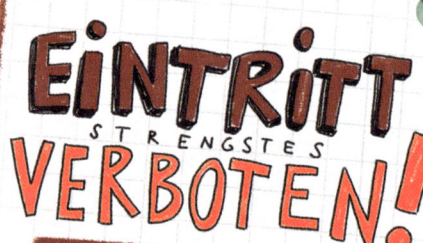

EINTRITT
STRENGSTES
VERBOTEN!

3 x klopfen,
warten,
Ruhe bewahren!

NIX
anfassen!!!

Nur mein **BESTES** Geschenk war noch unverpackt, weil ich es gestern Abend erst abgeholt hatte.

Es war eine **CD.** ———→

WEIHNACHTSMELODIEN AUS ALLER WELT

Interpretiert und arrangiert von Manu Anderson

↰ Das bin ich.

Einstudiert und aufgenommen hatte ich die Stücke bei meiner Saxofonlehrerin Sarah, und gestern hatte sie die CD für mich gebrannt.

„Da wird deine Familie aber Ohren machen", hatte Sarah gesagt.

O ja, das würde sie.

Für Papa hatte ich *Vom Himmel hoch, da komm ich her* aufgenommen. Das war sein Lieblingsweihnachtslied. Ich konnte es kaum erwarten, bis meine allererste Solo-CD in unserem Wohnzimmer erklingen würde.

Vom Himmel hoch, da komm ich her

Die Geschenke für uns waren jetzt noch verstreut.
Halb hier und halb dort.

Halb hier war **BERLIN**,
wo unser Zuhause
mit Mama war. →

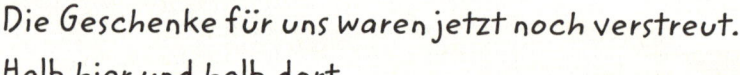

Papa

Halb dort war
HAMBURG,
wo unser Zuhause
mit Papa war.

Dass wir zwei Zuhause hatten, lag daran, dass Papa im
letzten Jahr einen neuen Arbeitsplatz bekommen hatte.
Papa ist Professor für Astrophysik. Er beschäftigt sich damit,
was im Himmel passiert, und erzählt es den Studentinnen und
Studenten in der Hamburger Sternwarte.

Mama

Mama ist Nachrichtensprecherin. Sie beschäftigt sich damit, was auf der Erde passiert, und erzählt es den Zuschauerinnen und Zuschauern im Fernsehen.

Aber Mamas Arbeitsplatz war noch in Berlin und deshalb würden wir erst ganz nach Hamburg ziehen, wenn Mama dort einen neuen Arbeitsplatz gefunden hatte.

Eine Hamburger Wohnung hatte Papa schon gemietet. Sie war kleiner als unsere Wohnung in Berlin, aber dafür hatte sie einen Garten.

Opa Samuel

Außerdem wohnt Opa Samuel in Hamburg. Er freute sich, dass wir dieses Weihnachten in Papas Wohnung feiern würden. Seit Oma tot war, reiste Opa Samuel nämlich nicht mehr gern.

Mama würde heute auch nicht mit uns reisen. Sie musste am Abend die Nachrichten sprechen und konnte erst morgen nach Hamburg kommen.

„Wir machen uns Heiligabend trotzdem gemütlich", hatte Papa es mit Trösten versucht. „Wir schmücken den Baum und dann holen wir Pizza und dann winken wir Mama im Fernsehen und dann gucken wir einen Film und am ersten Weihnachtstag feiern wir alle zusammen. Wie findet ihr das?"

Jana hatte es

  voll kacke

gefunden, aber das hatte sie mir nur ins Ohr geflüstert,

weil Papa es voll kacke findet, wenn wir „kacke" sagen.

Ich fand Papas Vorschlag jedoch auch **kein bisschen** tröstlich. Warum mussten wir Weihnachten verschieben, nur weil die Nachrichten nicht mal Heiligabend eine Pause machen konnten?

Das hätte ich Mama heute Morgen am liebsten gefragt. Aber ich ließ es bleiben, denn dann hätten wir vielleicht noch gestritten und es wäre keine Zeit mehr zum Vertragen geblieben.

Und Mama sah auch so schon traurig aus, als der Schaffner pfiff und unser Zug losfuhr und sie allein im Berliner Nieselregen zurückblieb.

P F I \ \ \ \ I \ I \ I F F

Sie wurde kleiner

und kleiner   und dann war sie weg.

2.

Im Zug wurde es voller und voller, vor allem auf der Gepäck-ablage. Schweinchen im Schlammbad sah ich diesmal nicht.

Dafür thronte Bethlehems Stall mit Esel, Ochse und Schafen auf der Gepäckablage.

Zwischen den Paketen klemmte ein Weihnachtswichtel.

Und Jana hatte ihren Flamingo Ingo dabei.

Den hatte sie mit Mamas Bademantelgürtel auf ihrem Schoß festgeschnallt, damit er bei einer plötzlichen Bremsung nicht durch den Zug flog.

Im Gepäckregal bei der Tür stapelten sich die Koffer und ich passte auf, dass ich unseren im Blick behielt.

Dann passte ich auf, dass Jana ihren Rentierrucksack nicht über dem Tisch auskippte, als sie den Reiseproviant suchte.

Mama hatte uns Brötchen und Bratapfelpunsch eingepackt.

Und womöglich hätte ich noch viel mehr aufpassen müssen, denn Jana will immer die unmöglichsten Sachen machen, wenn es im Zug langweilig wird.

Zum Beispiel, die Fensterscheiben mit Abziehbildern dekorieren

oder im Groß-
raumabteil
Nicht
den Boden
berühren
spielen

oder im Gang ihre
Inlineskates
ausprobieren,

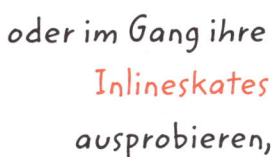

und normalerweise ist ja Mama dabei,
um ihr all das zu verbieten.

Inzwischen hatten alle Leute einen Platz gefunden.
Sie dösten, plauderten, knabberten Kekse, daddelten
auf ihren Handys, hörten Musik, schauten Filme,
lasen Bücher oder bohrten in der Nase.

„Mir ist langweilig", sagte Jana
gerade, als der Zug in Spandau
hielt. Das ist der einzige Halt
vor Hamburg, und die einzigen
leeren Plätze im Abteil
waren an unserem Tisch.

Jana machte riesige Augen und nickte so heftig, dass ihr fast der Kopf abfiel. Ich nickte auch, aber in meinem Bauch grummelte es.

Denn für eine Weihnachtsgans ist Weihnachten

DER SCHRECKLICHSTE TAG DES JAHRES,

weil sie den Heiligen Abend mutterseelenallein bei 220 Grad im Ofen verbringen muss, und die meisten Menschen wissen nicht mal, wo die Weihnachtsgans vor dem Braten gelebt hat.

Vom Bauern direkt, das schmeckt!, hatte ich letzte Woche
auf einem Schaufensterplakat beim Metzger gelesen.
Darunter stand: Weihnachtsgeflügel aus eigener Aufzucht,
und dazu gab es ein Bild von fröhlichen Gänsen, die im
Gänsemarsch über eine grüne Wiese spazierten.

Da gehörten sie meiner Meinung nach auch hin, und deshalb
fand ich es ganz schrecklich, mit einer eingesperrten
Weihnachtsgans im Zug zu sitzen.

Aber dann erzählte uns der junge Mann, wo seine Gans herkam, und vor allem, wo sie hinkam, und das klang wirklich wie ein Weihnachtsmärchen:

Es war einmal ein junger Mann, der hieß Martin, und er liebte Gänse. Deshalb fuhr er alle Jahre wieder auf einen Bauernhof und kaufte eine Weihnachtsgans.

Vom Bauern direkt das schmeckt!

Aber nicht, um sie zu schlachten und zu braten, sondern um sie vor dem Tod zu bewahren. Er brachte sie ins Land der Tiere, das war ein Lebensort für gerettete Tiere und lag in der Nähe von Hamburg.

Im Land der Tiere gab es lauter grüne Wiesen und jede Menge Platz und so lebten die geretteten Weihnachtsgänse zusammen mit ihren Artgenossen und vielen anderen Tieren glücklich und zufrieden bis an ihr Lebensende.

Stimmt das?

fragte Jana. Der junge Mann, also der Martin, nickte.

Die gerettete Gans nickte auch, aber nicht wegen Martin, sondern wegen Ingo. Sie sah ihn ganz verliebt an, obwohl Ingo aus Stoff war und gewiss nicht mit ihr ins Land der Tiere reisen würde.

Jana liebt Tiere über alles, und ihr größter Wunsch war, selbst ein lebendiges Tier zu haben. Aber Mama und Papa sagten, das ginge bei all dem Hin- und Hergereise nicht.

Dabei schnatterte die reisende Weihnachtsgans ganz friedlich vor sich hin — vielleicht, weil heute Heiligabend war und sie tief in ihrem Gänseherzen ahnte, dass dieser Tag ein glückliches Ende für sie nehmen würde.

„Wie heißt sie denn?", fragte Jana und Martin zuckte mit den Schultern.

Sie hat noch keinen Namen. Willst du ihr einen geben?

schnatter

Janas Augen britzelten wie Wunderkerzen.

„Gretel", überlegte sie laut, wahrscheinlich, weil sie an das Märchen dachte, in dem Gretel ihren Bruder vor dem Backofen rettet.
Aber die Gans reagierte nicht.

„Schneeflocke", sagte Jana, wahrscheinlich, weil sie hoffte, dass es Weihnachten schneien würde.
Die Gans war aber offensichtlich nicht am Weihnachtswetter interessiert und auch nicht am grauen Himmel vor dem Zugfenster.

Sie hatte nur Augen für Ingo.

Nenn sie doch Inga.

Da gab die Gans einen Schnatterlaut von sich und Jana war einverstanden. Sie durfte Inga mit ihrem Brötchen füttern und der Schaffner erlaubte der Weihnachtsgans zur Feier des Tages, bei uns sitzen zu bleiben.

Als der Zug in Hamburg hielt, stand Papa am Gleis.

HAMBURG

Martin und Inga mussten noch weiterfahren und Inga schnatterte so herzzerreißend, dass ich Jana mit Ingo förmlich aus dem Zug ziehen musste.

SCHNATTER

Der Waggon war schon fast leer und unser roter Koffer war der letzte. Ich rollte ihn zur Tür, Papa zog ihn zu sich runter und ächzte:

Du liebe Güte, was ist denn da alles drin?

Lass dich überraschen.

Allerdings hatte ich da noch nicht die geringste Ahnung, wie groß die Überraschung werden würde.

3.

In Hamburg prasselte der Regen.

Als wir zu Hause ankamen, waren wir pudelnass und Janas Pudelmützen-Bommel hätte man jetzt glatt als Wasserbombe benutzen können.

Zum Glück hatten wir trockene Anziehsachen im Koffer, und ich konnte es nicht abwarten, in meinen Grinch-Pulli zu schlüpfen und zu einer heißen Tasse Kakao unsere Weihnachtsplätzchen zu knabbern.

Das Wohnzimmer duftete auch sehr weihnachtlich —
nach Tannennadeln. Jana tanzte mit Flamingo Ingo um den
Baum herum, den Papa besorgt hatte. Dazu sang sie das
Weihnachtslied, das wir gemeinsam umgedichtet hatten:

O Tannenbaum, o Tannenbaum,
du bist ja noch ganz nackig.
Wir bringen dir dein Weihnachtskleid,
das funkelt hell zur Weihnachtszeit.
O Tannenbaum, o Tannenbaum,
du bist ja noch ganz nackig.

Ich lachte und dachte an meine CD mit den Weihnachtsliedern.
O Tannenbaum war das letzte Stück darauf.
Vom Himmel hoch, da komm ich her das erste.

Dann dachte ich an das
Kräuterkissen
für Mama.

Ich hatte es mit Hopfen,
Lavendel und Rosenblüte gefüllt.

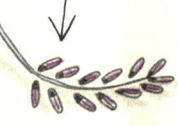

Das sind Beruhigungskräuter, weil Mama nach den
Spätnachrichten immer so hibbelig war.

Ich dachte an die
Schatztruhe,
die ich für Janas Haarperlen
gezimmert hatte,

an das
*Planeten-
Mobile*
für Papa

und an die *Freiheitsstatue* für Opa Samuel.

Die hatte ich aus Fimo geknetet und
bei 130 Grad im Backofen gebrannt.

Wenn Opa Samuel schon nicht mehr
verreiste, hatte er zumindest eine
Erinnerung an seine Heimatstadt.

Ich sah zum nackigen Baum und stellte mir vor, wie er morgen sein Festkleid über den Geschenken ausbreiten würde und welchen Platz ich für die Weihnachts-CD wählen würde.

Hat Mama euch das Kästchen mit den Sternenkindern mitgegeben?

fragte Papa.

Das waren Figürchen aus Holz, die Papas Opa vor vielen Jahren selbst geschnitzt hatte.

Papas Opa

Opa

Papas Oma →

Na klar, was denkst du denn? Und unsere Zipfelmützenzwerge haben wir auch dabei.

Die hatten Jana und ich gebastelt.
Aus Tannenzapfen, Watte und rotem Samt.

Das braucht man:

Zapfen
Stoffreste für die Mützen
(Samt, Filz oder was ihr gerade dahabt)
Kleber
Schere
Watte
Nadel und Faden für den Aufhänger

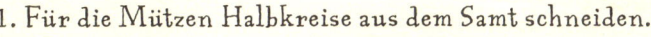

1. Für die Mützen Halbkreise aus dem Samt schneiden.

2. Die Halbkreise dann wie einen Kegel zusammenrollen (oben spitz, unten breit und offen).

3. Die Kegel an der Längsseite überlappen und zusammenkleben.

4. Die Mützenkegel auf die Zapfen setzen und festkleben.

5. Eine Wattekugel als Bart unterhalb der Mütze auf den Zapfen kleben.

6. Nadel mit 15 cm Faden durch die Mützenspitze stechen und verknoten.

Plötzlich konnte ich es kaum noch erwarten, den Baum zu schmücken.

Ratzfatz klappte ich den Koffer auf, in den Mama noch ein paar eigene Sachen gepackt hatte.

Obendrauf lag etwas rot-schwarz Kariertes.

Es war flauschig.
Es war groß.
Es war ...

... ein Herrennachthemd sagte Papa.

Deins? fragte ich verwirrt.

Papa grinste unsicher. „Nicht dass ich wüsste. Aber es ist hübsch. Vielleicht bekomme ich es ja zu Weihnachten."

Ich hielt ein Täschchen hoch.
Es war aus violettem Samt und
darauf stand mit silberner
Schrift:

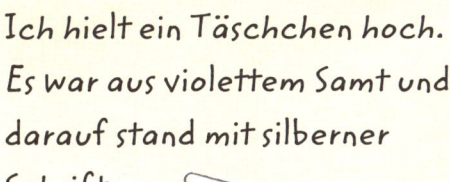

„Ein Kulturtäschchen", sagte Papa.

„Mamas?", fragte ich.

Nicht dass ich wüsste.

Papa verzog das Gesicht.
„Und ich bekomme es hoffentlich
nicht zu Weihnachten."

rief Jana.

Ich öffnete es. Zum Vorschein kamen:

eine Zahnbürste,

eine Zahnpasta für dritte Zähne

und ein Kamm mit Silberhaaren
zwischen den Zinken.

Jetzt war ich wirklich sehr verwirrt, denn Mamas Haare
waren genauso schwarz wie unsere und soweit ich wusste,
hatte sie auch noch alle Zähne.

Dann entdeckte ich die Plätzchendose und in meinem Bauch
war ein schlechtes Gefühl. „Sieht unsere nicht anders aus?"

Mach mal auf!

rief Jana.

Ich öffnete den Deckel und
schnupperte an den Plätzchen.

BUÄH!

Auf jeden Fall hatte es in unserer Dose
anders gerochen. In dieser hier stank es.

Nach totem Fisch!

Inzwischen war mir richtig
schlecht. Halb von dem Gestank
und halb vor **ANGST**.
Ich zog einen himmelblauen
Bademantel aus dem Koffer, der
ebenfalls keinem von uns gehörte.

Darunter lag ein großer, fest verschnürter Plastiksack.

Mach mal auf!

Janas Stimme klang ein bisschen piepsig.

Ich öffnete ihn.

Das ist Erde.

Und dann gab es noch sieben Päckchen.
Sie waren in pechschwarzes Geschenkpapier verpackt und
hatten schneeweiße Schleifen und an jedem Paket
hing eine silberne Zahl. Von 1 bis 7.

     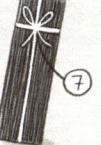

„Was sind denn das für Geschenke?", flüsterte Jana.

Mach mal ...

„NEIN!", schrie ich.
„Ich will keine fremden
Geschenke aufmachen!
Ich will wissen, wo
MEINE Geschenke sind!
Und mein Grinch-Pulli!
Und mein SAXOFON!"

„Und mein WEIHNACHTSKLEID!",
kreischte Jana, der das Ausmaß
der Katastrophe jetzt wohl auch
klar geworden war.

Und meine FLÜGEL!
Und mein GLITZERHAARREIFEN!
Und mein STE-HE-HERN!

Das letzte Wort kam zwischen wilden Schluchzern aus ihrem
Mund. Ich hätte selbst am liebsten losgeheult,

denn nach dem Saxofon
war mir meine Solo-CD
eingefallen.

schluchz
schluhuchz
schluchz

„Die sind in eurem Koffer", sagte Papa, als er endlich Worte fand. „Der hier gehört wohl jemand anderem. Du lieber Himmel. Er sieht wirklich haargenauso aus wie unserer."

Aber nur von au-hau-hau-ßen. Von i-hi-hinnen ga-ha-har nicht.

„Das denkt sich der Mensch mit unserem Koffer jetzt wohl auch." Papa sah mich streng an.

Warum hast du denn nicht aufgepasst?

Ich habe aufgepasst, wollte ich sagen. Oder rufen. Oder schreien. Aber ich konnte nicht mal mehr piepsen.

So verzweifelt war ich.

Ich versuchte, mich zu erinnern, ob da noch ein roter Koffer gewesen war. Und wer alles mit uns im Abteil gesessen hatte.

Da war die Frau mit dem blauen Kopftuch gewesen.

Und das Mädchen mit der schwarzen Igelfrisur.

Und der Junge mit dem großen Ohrring im Ohr.

Und die Mutter mit
dem kleinen Baby
im Tragetuch.

Und der Mann
mit dem Tattoo
auf der Stirn.

Aber die hatten nicht so ausgesehen, als würden sie
Zahnpasta für dritte Zähne brauchen.

Und dann war der Martin mit
seiner Inga gekommen.
Und die hatten mich von
allem anderen abgelenkt.

4.

„Ich ruf bei der Bahn an."
Papa zückte sein Handy,
tippte eine Weile darauf
herum und stellte es auf laut.

Dieser Anruf kostet sie 1 Euro und 49 Cent pro Minute.
Der Tarif wird ab Beginn des Gesprächs berechnet

kündigte eine Stimme vom Tonband an.

Das Gespräch begann aber nicht. Es kam nur Musikgedudel.

Und dann kam wieder die Tonbandstimme.

Herzlich willkommen bei der Fundservicehotline der
Deutschen Bahn. Zur Sicherung der Servicequalität
können einzelne Gespräche mitgehört werden.
Wenn Sie uns bei Gesprächsbeginn einen Hinweis
geben, verzichten wir auf diese Maßnahme.

Das Gespräch begann aber immer noch nicht.

Die aktuelle Wartezeit beträgt 35 Minuten

ließ uns die Tonbandstimme fröhlich wissen.

Papa stöhnte.

Jana heulte.

Ich kaute auf
meinen Fingernägeln.

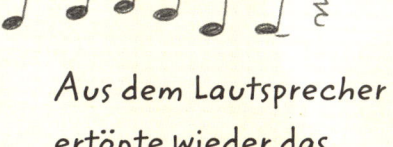

Aus dem Lautsprecher
ertönte wieder das
Musikgedudel.

Und nach genau 31 Minuten machte es **PIEP-PIEP-PIEP**.

Wir sind aus der Leitung geflogen.

Papa sah aus, als würde er jeden Moment explodieren wie ein frühzeitiger Silvesterböller.

PANG!

swisch

Jana war von der ganzen Heulerei eingeschlafen.
Sie lag unter dem Tannenbaum und hatte Ingo im Arm.

„Die Fundstelle am Bahnhof hat gerade geschlossen",
sagte Papa, nachdem er eine weitere Weile auf dem Handy
rumgetippt hatte. „Aber ich kann die Verlustmeldung online
aufgeben. Der vertauschte Koffer wird ja sicher ebenfalls
von seinem Besitzer vermisst. Morgen versuchen wir's dann
noch mal am Bahnhof."

Und heute?

In meinem Bauch brodelte es und hinter meinen Augen brannte es und in meinem Hals klemmte ein klumpiger, klebriger Kloß. Papa legte mir die Hand auf die Schulter.

Es tut mir leid, Manu. Ich glaube, heute wird das **nichts mehr** mit eurem Koffer.

5.

Papa war in die Küche gegangen, um Kakao zu kochen.

ICH WOLLTE **KEINEN** KAKAO.

Ich wollte unseren Koffer und sonst NICHTS auf der Welt.

Unter dem Baum murmelte Jana im Traum.
Sie hatte ihre Hände gefaltet, als würde sie beten.

Ich hörte Papas Handy klingeln,
dann hörte ich, wie Papa mit
Mama sprach und ihr erzählte,
was heute passiert war.

Und plötzlich kam
mir eine **geniale Idee.**

Ich raste in die Küche
und riss Papa das
Handy aus der Hand.

„MAMA!", schrie ich. „Du musst es heute Abend in den Nachrichten erzählen. Dann können es alle hören. Und dann kriegen wir unseren Koffer bestimmt zurück!"

Mein Schatz.   Mamas Stimme klang ganz lieb.

Ein vertauschter Koffer kommt nicht ins Abendjournal. Dazu ist die Nachricht nicht …

Mama verstummte.
Aber ich wusste,
wie der Satz zu Ende ging.

Dazu ist die Nachricht nicht wichtig genug.

Ich legte das Handy auf den Küchentisch.
Mamas Stimme kam wieder raus. **GANZ LAUT.**
Aber ich wollte kein Wort mehr hören.

blablablaMANU? BIST DU NOCH DRAN?

HALLO?

HALLOOO?

Ich lief in das kleine Zimmer, das Jana und ich uns teilten.
Wir nannten es das Abnachdraußenzimmer, weil es zum
GARTEN
führte.

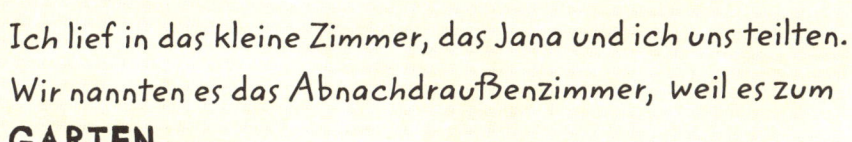

Der war riesig.
Es gab Birnbäume
und Brombeerbüsche
und Blumenbeete.

Im Herbst hatten wir Schneeglöckchen und Zaubernüsse gepflanzt.

Pünktlich zum Nikolaus waren
sie aufgeblüht, aber froh und
munter würden sie mich heute
ganz bestimmt nicht machen.

Schneeglöckchen

Zaubernüsse

Der Regen hatte aufgehört. Die Luft war klar und kalt.
Dunkel war es auch geworden. Zumindest hier draußen.

Hinter den Fenstern
brannten die Lichter.

Ich sah funkelnde Tannenbäume,
glitzernde Rentiere,
leuchtende Weihnachtsmänner,
strahlende Sterne,
und dann ...

... hörte ich etwas.

Ein Saxofon spielte. *Vom Himmel hoch, da komm ich her.*
Nein! Das konnte nicht sein!

Aber es war ... es war MEIN Saxofon, das ich da spielen hörte.
Unverkennbar. Es klang, als käme es wirklich vom Himmel
her. Alle Fenster waren geschlossen. Nur eins stand auf.

Hoch oben
unter dem Dach.
Hinter dem Fenster
stand eine Gestalt.
Und heraus kam die
Musik von meiner
Weihnachts-CD.

6.

Ich stand im 5. Stock und klingelte an der Tür.
Auf dem Klingelschild stand Kümmel, aber
vor der Tür roch es nach Koriander und Zimt.
Hinter der Tür ertönte meine Musik.

Auf dem Weg nach oben hatte ich
Winter *Wonderland* gehört.
Jetzt hörte ich mich *Kling, Glöckchen*
spielen und leider klang es lauter
als die Türklingel.

Als Nächstes kam *Stille Nacht.*

Ich klingelte Sturm,
und dann wurde es auch
in der Wohnung still.

Dafür trommelte mein Herz.

BUMM. BUMM. BUMM.

Halb vor Aufregung
und halb vom Rennen.

Der Fahrstuhl war nämlich gerade außer Betrieb.

Achtung!
AUFZUG
WEGEN REPARATUR
außer Betrieb

Deshalb war ich die ganzen Stockwerke hochgerast.

Jetzt rasselte und klimperte etwas hinter der Tür. Und dann ging sie auf. Einen winzigen Spalt.

Wer da? fragte die Gestalt hinter dem Spalt.

„Ich heiße Manu", sagte ich. „Und ich glaube, Sie haben gerade meine Weihnachts-CD gehört."

Die Tür ging wieder zu.

Und dann ging die Tür wieder auf. Diesmal ganz.

Eine Zimt- und Korianderwolke wehte mir entgegen und vor mir stand eine Dame. Eine alte Dame.

In ihrem silbergrauen Haar steckten
drei rosa Lockenwickler und
sie trug ein knittriges Kleid.

Ihr Gesicht war auch knittrig und ihre
Augen waren röter als die Röschen
auf dem Knitterkleid.
Sie sah aus, als hätte sie geweint.
Mindestens so schlimm wie Jana.

Aber jetzt fing es in ihren Augen an zu funkeln.

„Wenn das deine Musik ist", sagte sie,
„dann bist du ein großer Musiker.
Vom Himmel hoch, da komm ich her
hast du wahrlich meisterhaft interpretiert. Und so gefühlvoll.
Deine Lieder haben mir Trost
geschenkt in dunklen Stunden.
Und meinen sieben Prinzen auch."

Äh ...

sagte ich, weil ich nicht wusste,
was ich sonst sagen sollte.

Ich glaube, Sie ... also ich ... also wir ... also ...
vermissen Sie vielleicht Ihren roten Koffer?

Ja

sagte die
alte Dame.

Sie zog ein knittriges Taschentuch
hervor und schnäuzte sich.

„Ich vermisse ihn wirklich sehr.
Und meine sieben Prinzen vermissen
ihn noch mehr. Stell dir nur vor:
Er wurde vorhin im Zug vertauscht. Jetzt habe ich einen
anderen Koffer. Er sieht genauso aus wie meiner.
Aber leider sind nicht meine Sachen darin."

„Ich weiß", sagte ich.

„Ach", sagte die alte
Dame überrascht.
„Und woher weißt du das?"

„Weil es meine Sachen sind", sagte ich.

Deine Sachen?

Ihr Mund formte sich zu einem O.
„Und woher weißt du das?"

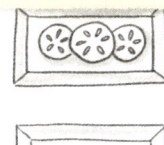

„Weil es die CD, die Sie da hören, nur ein Mal gibt",
sagte ich. „Sie kommt aus unserem Koffer. Und
Ihr Koffer, der ist unten bei uns."

Jetzt wurde der Mund der alten Dame zu einem **A**.

Mein Koffer?
Ist unten? Bei euch?

„Ja", sagte ich. „Unten wohnt mein Papa. Meine Schwester
Jana und ich sind heute mit dem Zug aus Berlin gekommen."

„Genau wie ich!", sagte die alte Dame. „Mein Neffe
hat mich zum Bahnhof gebracht und ich habe
gerade noch den Zug erwischt."

„Uns hat meine Mama gebracht",
sagte ich. „Wir saßen im Abteil
mit der Weihnachtsgans."

„Ach", sagte die alte Dame verwundert. „Das war also das leise Geschnatter. Ich dachte, ich hätte es geträumt.

Ich bin nämlich gleich nach dem Einsteigen eingeschlafen.

Und erst kurz vor dem Aussteigen wieder auf-gewacht. Ich war noch ganz flusig im Kopf.

Da hab ich wohl den falschen Koffer gegriffen.

Das hab ich aber erst zu Hause gemerkt. Die Plätzchen im Koffer haben anders gerochen als meine."

Sie blinzelte mir zu.

Aber keine Sorge. Ich habe dir nichts weggenascht.

Ich Ihnen auch nicht

sagte ich und dachte
an den Fischgeruch.
Und an den Sack mit Erde.
Und an unseren Koffer.

Ich konnte das alles überhaupt noch nicht glauben.

„Wie war noch gleich dein Name?", fragte die alte Dame.

„Manu", sagte ich. „Manu Anderson."

Sehr erfreut.

Die alte Dame streckte ihre Hand aus.
Die war winzig und faltig, aber ihr
Händedruck war warm und fest.

„Mein Name ist Rosi Kümmel", sagte sie und
strahlte so breit, dass ich alle ihre dritten Zähne sah.

Tritt doch bitte ein.
Meine sieben Prinzen
werden hocherfreut sein,
dich kennenzulernen.

Frau Kümmel führte mich auf ihren krummen Beinen durch ihren langen Korridor. Ihre Wohnung schien mindestens doppelt so groß zu sein wie unsere. An den Wänden hingen Ballerina-Bilder, auf den Holzdielen klackerten Frau Kümmels Lackschuhe und in meiner Brust flatterte ein nervöser Vogel.

Die sieben Prinzen

Nannte die alte Dame etwa so ihre sieben Kinder?
Oder ihre sieben Enkelkinder?

Oder ihre sieben Geliebten?

7

Es war einmal eine alte Dame, die hatte weder Kinder noch Enkelkinder, und ihr einzig geliebter Mann war gestorben. Deshalb fühlte sie sich sehr allein.

Nachts kuschelte sie sich in seinen karierten Schlafrock und tagsüber machte sie lange Spaziergänge an der Elbe.

Eines Tages sah sie am Ufer ein herzloses Ungeheuer,
das sieben kleine Kater in einem Müllsack ertränken
wollte. Da schlug die alte Dame dem Ungeheuer ihren
Stock über die Rübe und nahm die sieben kleinen Kater
mit zu sich nach Hause.

ZACK

Und weil sie nicht gestorben sind,
leben sie noch heute …

Ja, auch dieses Märchen war wirklich wahr. Die alte Dame, also Frau Kümmel, erzählte es mir im Wohnzimmer, wo sie mir ihre **sieben Prinzen** vorstellte.

Eins thronte auf dem Ohrensessel

Zwei hing an der Gardine.

Drei lag im Bücherregal.

Vier turnte im Tannenbaum, der im Gegensatz zu unserem schon festlich geschmückt war.

Fünf und **Sechs**
kuschelten vor dem Kamin.
Und **Sieben** hatte sich
unter dem Sofa versteckt.

„Sieben fürchtet sich
vor Fremden", flüsterte
mir Frau Kümmel ins Ohr.
„Und Zwei und Vier sind die
Akrobaten in unserer Familie."

Zwei balancierte jetzt
auf der Gardinenstange.

„Ich wünschte, sie hätten etwas mehr Auslauf." Die alte Dame seufzte. „Leider kann ich ihnen hier nur das Dach bieten, und besonders bei Vollmond geraten meine sieben Prinzen manchmal ganz schön aus dem Häuschen.

Aber dafür stehen ihnen alle Zimmer offen und jeder hat seine eigene Toilette. Möchtest du ihr stilles Örtchen sehen?"

Ich schluckte. Die Besichtigung von Katzenklos stand gerade nicht auf meiner Wunschliste, aber ich wollte nicht unhöflich sein und folgte Frau Kümmel ins Zimmer am anderen Ende des Flurs.

Es war mit Kunstrasen ausgelegt und an den Wänden standen ordentlich aufgereiht sieben Katzenklos. Zu meiner Überraschung roch es angenehm, fast wie in einem Garten.

„Meine sieben Prinzen sind zwar stubenrein, aber das fertige Katzenstreu mögen sie nicht", sagte Frau Kümmel. „Sie verrichten ihre Geschäfte nur auf feinstem Grund und Boden."

Ich runzelte die Stirn. „Ist dafür der Sack mit Erde?"

„O ja", sagte Frau Kümmel. „Mein Neffe ist Gärtner und jedes Mal, wenn ich ihn in Berlin besuche, bekomme ich frische Erde aus seinem Garten."

An der Tür maunzte es.

Vier und Fünf stolzierten herein und verschwanden in ihren Toiletten.

mau

„Dann sind die Plätzchen sicher auch für Ihre Ka... äh ... Prinzen?", fragte ich.

Frau Kümmel nickte. „Es sind Thunfischkekse mit Maisgries. Die hat mein Neffe gebacken. Und die Geschenke hat er mit mir besorgt." Sie griff nach meiner Hand und drückte sie fest.

Es wäre schrecklich gewesen, meine sieben Prinzen nicht bescheren zu können.

 THUNFISCHKEKSE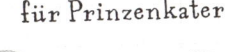
für Prinzenkater

Zutaten:
  1 Dose Thunfisch (in Wasser),
  125 g (abgetropft)
  60 ml vom Abtropfwasser
  des Thunfischs
  3 EL gekochtes Eiweiß (gehackt)
  50 g Maisgrieß
  125 g Weizenvollkornmehl

1. Alles zu einem glatten Teig verkneten und 0,5 cm dick ausrollen.

2. Formen ausstechen und auf ein
Backblech legen.

3. Im Ofen bei ca. 140 Grad
15–20 Minuten backen.

Frau Kümmel gab mir meine
Weihnachts-CD zurück
und dann führte sie mich
in ihr Ankleidezimmer.

Es war hübsch, mit einem
goldenen Spiegel und
schicken Kleidern und Schuhen.

Das Schönste lag mittendrin.

Unser KOFFER.

Er war aufgeklappt, aber außer der CD war alles an seinem Platz und mein Herz sprang mir vor lauter Wiedersehensfreude fast aus der Brust.

Frau Kümmel zog sich ein Strickjäckchen über.

Dann wollen wir mal ins Erdgeschoss fahren und die Koffer tauschen

sagte sie. Ich nickte.

Und dann fiel mir ein, dass der Fahrstuhl außer Betrieb war.

„Oje", stöhnte Frau Kümmel. „Was geht denn heute noch alles schief? Am Nachmittag fuhr er einwandfrei. Wie soll ich denn jetzt bloß meinen Koffer in den 5. Stock bekommen?"

„Kein Problem", sagte ich.
„Den trägt mein Papa Ihnen nach oben."

Frau Kümmel atmete erleichtert aus.

Und dann schnappte sie erschrocken nach Luft.

Unten schrie jemand.
Meinen Namen.

MAAA-NUUU!

Ich riss das Fenster auf. In unserem Garten stand Papa.
Er hielt Jana an der Hand und sie kreischte so laut in die
Dunkelheit, dass jetzt überall die Fenster aufgerissen wurden.

schrie ich runter.

8

Kurz darauf klingelte es bei Frau Kümmel wieder Sturm, weil auch die Nachbarinnen und Nachbarn ein Wunder erleben wollten. Die meisten waren bisher namenlos im Treppenhaus an uns vorbeigehuscht, aber jetzt standen alle bei Frau Kümmel im Flur und stellten sich vor.

Aus dem 1. Stock kam die **Familie Farhadi mit ihrer Tochter Shirin,** die hatte eine Candy-Cane-Frisur und war ein Jahr jünger als Jana.

Aus dem 2. Stock kamen **Frau und Frau Heller mit ihrem Baby,** das hieß **Paul** und schwenkte eine Weihnachtsfahne in seiner winzigen Faust.

Aus dem 3. Stock kam **Herr Wenzel mit seiner Mutter,** die hatte auch eine Fahne, aber die kam aus ihrem Mund und roch nach Schnaps.

Aus dem 4. Stock kam **Frau Nommel mit ihrem Sohn Miguel,** der hielt einen Basketball unter dem Arm und war ein Jahr älter als ich.

Und natürlich kam **Papa mit Jana.** Die glaubte das Wunder erst, als ich ihr den Koffer zeigte. Die sieben Prinzen hatten sich ins Wohnzimmer geflüchtet, denen war der Trubel wohl zu viel.

Aber die Nachbarn waren voller Nächstenliebe und halfen uns allesamt beim Koffertausch, damit Papa sich nicht allein abschleppen musste.

Es war wie bei der Weihnachts-prozession, nur dass wir nicht von Jerusalem nach Bethlehem, sondern vom 5. Stock ins Erdgeschoss ...

... und wieder zurück in den 5. Stock wanderten.

Als alles wieder am rechten Platz war, wünschten uns die Nachbarn wunderbare Weihnachten und dann nahm Frau Kümmel Jana an die Hand und bat uns in ihr Wohnzimmer.

9.

Ich finde keine Worte dafür, wie glücklich Jana aussah, als Frau Kümmel ihr die sieben Prinzen noch einmal einzeln vorstellte. Jana selbst war auch ganz stumm. So fühlt es sich wohl an, wenn man ein **echtes Wunder** erlebt.

Papa bewunderte die große Wohnung und ich war so froh und munter wie noch nie in meinem Leben.

Nur mein Magen knurrte.

grrrrrauuullllgurglgrmzpf

Eins stellte die Öhrchen auf.

Vier peitschte mit der
Schwanzspitze hin und her.

Sechs gurrte.

Das war ein klares Zeichen für Hunger, sagte Frau Kümmel
und lud uns zum Weihnachtsessen ein.

Ich mache jedes Jahr zu viel, weil ich
mir einfach nicht abgewöhnen kann,
für meinen Mann mitzukochen.
Der hat immer für drei gegessen.

Dafür aßen wir jetzt zu elft.

Wir drei mit
Frau Kümmel
am Esstisch ...

I ♥ NY

... und zu unseren Füßen
schlemmten die sieben Prinzen.

Frau Kümmel hatte **Forelle mit Reis und Brokkoli** für sie gekocht.

Weihnachtsessen für Prinzenkater

Unser Weihnachtsessen

Wir bekamen **Apfelrotkohl und Serviettenknödel** und zum Glück keine Weihnachtsgans, sondern einen **Nussbraten,** der war mit Zimt und Koriander gewürzt und schmeckte **total super.**

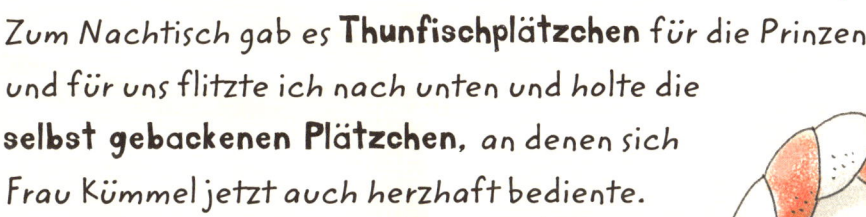

Zum Nachtisch gab es **Thunfischplätzchen** für die Prinzen und für uns flitzte ich nach unten und holte die **selbst gebackenen Plätzchen,** an denen sich Frau Kümmel jetzt auch herzhaft bediente.

Dann kam die Bescherung. Jana probte ihren Auftritt als Christkind und verteilte die Geschenke für die sieben Prinzen.

Eins bekam ein Kuschelkissen mit Katzenminze.

Zwei bekam einen Knistersack.

Drei bekam eine Kratzkugel.

Vier bekam einen Gummifrosch, der quakte, wenn man drauftrat.

QUAK

Fünf bekam einen Hüpfball.

Sechs bekam einen Schnüffelteppich.

Sieben bekam eine Fellbürste.

Und dann geschah noch ein Wunder. Die scheue kleine Sieben setzte sich auf Janas Schoß und ließ sich das Fell bürsten. Sie schnurrte — und schlief ein.

brrrt
brrrrrt

Jana schlief ebenfalls ein. Gleich nach den Spätnachrichten, in denen uns Mama einen schönen Abend wünschte.

Den hatten wir gehabt, und am ersten Weihnachtsabend wurde es noch schöner, denn da kamen nicht nur Mama und Opa Samuel,

sondern auch Frau Kümmel und ihre sieben Prinzen.

Der Fahrstuhl war wieder in Betrieb und die Prinzen stolzierten einer nach dem anderen in unsere Wohnung und von dort hinaus in den Garten.

Sie beschnupperten die Schneeglöckchen und Zaubernüsse,
kletterten auf den Birnbaum, jagten über die Wiese und
staunten über ein Leben in Freiheit.

Mama staunte über unser *Weihnachtswunder*.

Wir staunten über Frau Kümmels **festliches Kleid,** das sie zur Feier des Tages angezogen hatte.

Frau Kümmel bestaunte Opas **New York Cheesecake,** den er jedes Jahr zu Weihnachten backte.

Aber am allermeisten staunte Opa, als Frau Kümmel uns erzählte, dass sie früher einmal eine Primaballerina gewesen war und in den 60er-Jahren am New York City Ballett die Prinzessin Odette im Schwanensee getanzt hatte.

Opa Samuel war ja in New York aufgewachsen und hatte die Uraufführung von Schwanensee gesehen.

O, wie habe ich dieses Märchen geliebt

schwärmte er

und erzählte uns, wie

Prinzessin Odette vom bösen Zauberer Rotbart in
einen Schwan verzaubert wurde und sich nur bei
Mondschein in einen Menschen verwandeln konnte.

„Aber am Ende wird sie durch die
Liebe eines Menschenprinzen erlöst",

fügte Frau Kümmel hinzu
und lächelte verträumt.

Ich versuchte, mir die alte Dame als
verzauberte Schwanenprinzessin vor-
zustellen, was ziemlich schwierig war.

Dafür schwebte jetzt das Christkind in seinem weißen Kleid zum Tannenbaum und ich begleitete es mit einer weihnachtlichen Melodie auf meinem Saxofon.

Für Frau Kümmel lagen auch zwei Päckchen zwischen den Geschenken.

Jana hatte ihr ein Bild von den sieben Prinzen gemalt und ich hatte ihr einen Kofferanhänger gebastelt.

Dieser Koffer gehört:

Rosi Kümmel

Hamburg

Das schönste Geschenk für uns kam von Papa und war ein Teleskop.

Das schönste Geschenk von mir war natürlich die Weihnachts-CD, die ich an einem goldenen Band in die Zweige gehängt hatte.

Als *Vom Himmel hoch, da komm ich her* in unserem Wohnzimmer ertönte, fing Papa vor Rührung an zu weinen.

Wir alle sangen zu *O Tannenbaum* und als *Winter Wonderland* spielte, stand Frau Kümmel auf und fing an zu tanzen. Und da sah sie plötzlich wirklich wie eine Prinzessin aus. Opa Samuel konnte die Augen nicht von ihr lassen, und als Frau Kümmel seine Blicke bemerkte, überzog ein rosa Schleier ihre Wangen.

Meine Blicke wanderten zum Fenster,
denn draußen begann es zu schneien.
Leise fielen die Schneeflocken vom Himmel herab und
verwandelten unseren Garten in ein *Winterwunderland*.

Ich weiß, all das klingt wie ein Märchen, aber es ist wirklich passiert. Ich habe es aufgeschrieben und ein kleines Büchlein daraus gebunden.

Das verschenke ich **HEUTE** zu Weihnachten.

Es ist ein Jahr später und diesen Heiligabend feiern wir alle zusammen bei Opa Samuel und unserer neuen Oma Rosi. Die beiden wohnen jetzt mit den sieben Prinzen in Papas früherer Erdgeschosswohnung.

Jana und ich wohnen mit
Mama und Papa im 5. Stock,
weil Mama eine Arbeitsstelle
in Hamburg gefunden hat
und weil die Dachgeschoss-
wohnung größer ist.

Außerdem sind wir dort oben
den Sternen näher und Papa
erklärt uns jeden Abend
vor dem Schlafen,
was im Himmel passiert.

Aber natürlich besitzen wir für die Erdgeschosswohnung ebenfalls einen Schlüssel, damit ich mit Miguel im Garten Körbe werfen und ...

... mit Jana und Shirin auf die sieben Prinzen aufpassen kann. Shirin liebt Tiere nämlich mindestens so sehr wie Jana.

Und manchmal sitten wir Baby Paul, dann freuen sich die Heller-Mamas.

Opa Samuel und Oma Rosi freuen sich, dass sie auch mal zusammen verreisen können. Nach New York zum Beispiel. Da waren sie gerade.

New York City Ballett

Auf dem Empire State Building

Freiheitsstatue

Heute holen wir sie vom Flughafen ab, und ich bin gespannt, ob sie den richtigen Koffer mit nach Hause bringen.

ISABEL ABEDI,

1967 geboren, arbeitete 13 Jahre lang als Werbetexterin. Abends, am eigenen Schreibtisch, schrieb sie Kinder- und Bilderbuchgeschichten und träumte davon, eines Tages davon leben zu können. Dieser Traum hat sich längst erfüllt: Isabel Abedi hat inzwischen zahlreiche sehr erfolgreiche Kinder- und Jugendbücher veröffentlicht, von denen manche bereits ausgezeichnet und in andere Sprachen übersetzt wurden.

Bücher von Isabel Abedi im Arena Verlag:
Whisper, Isola, Imago, Die längste Nacht, Lucian, Heute ist Lucy Prinzessin, Der kleine Wolf und ein unvergesslicher Sommer sowie viele Vorlesegeschichten

DANIELA KOHL

hat als Kind ihre Tanten und Omas zu Weihnachten mit kleinen Kritzeleien beschenkt. Sie studierte an der FH München Kommunikationsdesign und arbeitet seit 2001 fröhlich als freie Illustratorin und Grafikerin. Mit Mann, Hund und Schildkröte lebt sie über den Dächern von München.

Bücher und Reihen von Daniela Kohl im Arena Verlag:
Mein Lotta-Leben, Linni von Links, Milla, Die Barfußbande, Der Knäckebrot-Krach

Ein Verlag in der **westermann** GRUPPE

1. Auflage 2021
© 2021 Arena Verlag GmbH, Rottendorfer Str. 16, 97074 Würzburg
Alle Rechte vorbehalten
Text: Isabel Abedi
Einband, Satz und Illustration: Daniela Kohl
Gesamtherstellung: Westermann Druck Zwickau GmbH
Printed in Germany
ISBN 978-3-401-60637-8

Besuche den Arena Verlag im Netz:
www.arena-verlag.de

Alice Pantermüller / Daniela Kohl
Mein Lotta-Leben

978-3-401-60182-3

Süßer die Esel nie singen

Lotta findet Weihnachten super. Wenn man nur nicht so lange darauf warten müsste. Zum Glück ist dieses Jahr jede Menge zu tun. Ihre Lehrerin Frau Kackert hat zu einem Wettbewerb aufgerufen: Wer bis zum Ende der Adventszeit die meisten barmherzigen Taten begeht, bekommt einen Preis. Klar, dass Lotta und Cheyenne gewinnen müssen. Nebenbei retten sie dann auch gleich den Weihnachtsmann.

978-3-401-60504-3*

Je Otter, desto flotter

Lotta und ihre beste Freundin Cheyenne sind in letzter Zeit total vergnügt: Denn Cheyennes Mami Sandra hat über ein Online-Dating-portal einen netten Mann kennengelernt (Otmar, 40, Möbelfachver-käufer) – seitdem liegt sie gar nicht mehr so häufig müde auf dem Sofa rum, sondern renoviert die Wohnung (in rosa) und plant Möbel-käufe. Das findet Cheyenne richtig gut und überhaupt gefällt ihr die Idee von Dating-Plattformen – nur schade, dass es so etwas nicht für Zwölfjährige gibt. Vielleicht sollte sie selbst so etwas entwickeln?

978-3-401-60309-4

~~Mein~~ Dein Lotta-Leben – Kritzelbuch

Juchhu! Kritzelst du auch so gerne wie ich? Früher hab ich mal gedacht, das wär genauso schwer wie Blockflötespielen oder Rosen-kohlessen. Aber das stimmt gar nicht. Seit ich mein erstes Tagebuch bekommen hab, kann ich gar nicht mehr aufhören zu kritzeln. Das sieht manchmal ganz schön künstlerisch aus. Wie auch du zum Krit-zelprofi wirst, zeig ich dir in diesem Buch.

*Auch als Hörbuch bei JUMBO erhältlich
Jeder Band: Gebunden • www.arena-verlag.de • www.mein-lotta-leben.de

Alice Pantermüller / Bob Konrad / Jörg Steinleitner
Mit Bildern von Daniela Kohl

978-3-401-60475-6

Die Barfuß-Bande und die geklaute Oma

Wer denkt, dass Sommerferien auf dem Dorf langweilig sind, der hat sich getäuscht: Ausgerechnet am ersten Ferientag verschwindet Tannes Oma Schnitzel spurlos. Gut, dass Corvin (9), Kiki (10), Ben (10) und Tanne (11) eh gerade eine Bande gründen wollten: die Barfußbande. Und die hat es bald nicht nur mit Barfüßen und einer entführten Oma, sondern auch mit einem richtigen Schatz zu tun.

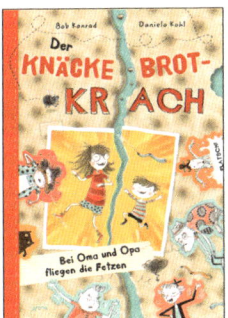

978-3-401-60307-0

Der Knäckebrotkrach –
Bei Oma und Opa fliegen die Fetzen

Eigentlich sollte es ein friedlicher Besuch bei den Großeltern werden. Aber schon am ersten Tag in Vogelzwitsch merken Mayo und Super, dass daraus nichts wird. Zwischen Oma Elfe und Opa Isi entbrennt ein großer Streit. Am Anfang geht es nur um Knäckebrot, aber dann liegen sich alle erwachsenen Bewohner des Dorfes in den Haaren: mit Rollatoren und Stinkesocken gehen sie aufeinander los. Ob Mayo und Super den Frieden wieder herstellen können?

978-3-401-60514-2

Linni von Links (Band 1 & 2)

Linni von Links reicht es: Seit Uroma Emilie sind alle Frauen der Familie von Links berühmt geworden. Als sogar ihre kleine Schwester zum Star wird, steht für Linni fest: Sie muss etwas tun. Leider ist sie weder als Dichterin noch als Schauspielerin begabt. Doch aufgeben kommt für Linni niemals infrage. Mit ihrer besten Freundin Isadora versucht sie alles, sich ihren Traum vom Berühmtsein zu erfüllen.

Jeder Band:
Gebunden • www.arena-verlag.de

Isabel Abedi

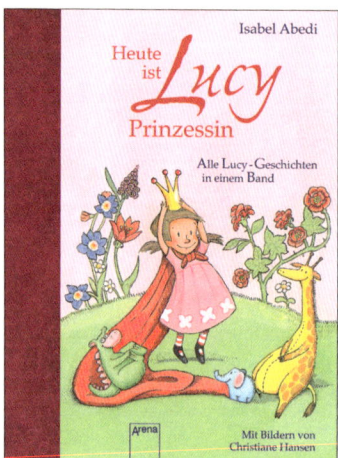

Heute ist Lucy Prinzessin

Der kleine Wolf und ein unvergesslicher Sommer

Lucy ist sauer, keiner hat Zeit für sie – am liebsten wäre sie ab sofort jemand anderes an einem anderen Ort! Und tatsächlich, ein Griff in die Verkleidungskiste genügt: Lucy verwandelt sich zuerst in eine echte Prinzessin, dann in eine mutige Piratin und erlebt viele große und kleine Abenteuer. Isabel Abedi und Christiane Hansen haben mit Lucy eine liebenswerte Heldin erschaffen, die alle Herzen im Sturm erobert. Ein Buch zum Vorlesen und Selberlesen.

Mit äußerst mieser Laune sitzt Pinky im Zug zu ihrer Tante Vera. Die wohnt auf dem Land und Pinky fühlt sich abgeschoben. Alle Freundinnen sind schick verreist und nur ihre Eltern sind im Beruf unabkömmlich. Doch als sie Daniel kennenlernt, der gerade ein verwaistes Wolfskind aufpäppelt, ist aller Ärger vergessen. Der kleine »Sonntag« wird zur großen Aufgabe, bei der Tante Vera hilfreich zur Seite steht. Und plötzlich sieht es so aus, als könnten das Pinkys beste Sommerferien aller Zeiten werden …

176 Seiten • Gebunden • Mit Bildern von Christiane Hansen • 978-3-401-70119-6

96 Seiten • Kartoniert • 978-3-401-50990-7
www.arena-verlag.de

Isabel Abedi

978-3-401-70916-1

Merope, das Sternenkind

Merope, das kleinste Sternenkind im Siebengestirn, lag in ihrem Himmelbett. Und weil sie nicht einschlafen konnte, nahm sie die Decke und lüftete sie. Da geschah es: Die winzigen Sterne auf ihrer Decke fielen herunter und regneten auf die Erde herab. Merope fliegt den funkelnden Sternen hinterher – und so beginnt eine wundersame Reise auf die Erde, wo das kleine Sternenkind ein Abenteuer nach dem anderen erlebt ...

Mit Bildern von Petra Probst

978-3-401-50084-3*

Ich find dich einfach wunderbar

Erfolgsautorin Isabel Abedi erzählt mit Leichtigkeit und Wärme drei Vorlesegeschichten zu Themen aus dem Kinderalltag: Vom Pechbären, der am Schluss das große Glück findet, von dem kleinen Wutstier Torro, der manchmal ziemlich rot sieht und von Lisas Krachdrachen, der auch tolle Sachen ganz leise machen kann.

Mit Bildern von Dagmar Henze

978-3-401-09988-0

Abenteuergeschichten für 3 Minuten

Es gibt große und kleine Abenteuer, aber die Abenteuer in diesem Buch sind riesengroß. Manche davon sind sehr geheimnisvoll: wie die Rettung der schönen Prinzessin Silbergrau oder die Zähmung des giftgrünen Grusella-Monsters. Andere sind so verrückt, dass man ein Riesengeheimnis daraus machen muss, weil sie keiner glauben würde: wie Antonellas und Lucas' Bootsfahrt in einem Schuh ...

Mit Bildern von Susanne Göhlich

Jeder Band:
*Arena-Taschenbuch • Gebunden • www.arena-verlag.de

Oma Rosis wunderbarer Nussbraten

Zutaten:

40 g Butter plus ein bisschen zum Fetten der Form

100 g Quinoa

150 g Hokkaido-Kürbis (entkernt, 1 cm große Würfel)

1 Zwiebel (gehackt)

2 Knoblauchzehen (in dünne Scheiben geschnitten)

2 Stangen Sellerie (gehackt)

2 EL Olivenöl

200 g Esskastanien aus dem Vakuum-Pack (grob zerkrümelt)

2 Zweige Rosmarin (nur die abgezupften Blätter)

1 Prise Paprikapulver edelsüß

1/2 TL getrockneter Oregano

1 gehäufter TL Zimt

1 gehäufter TL gemahlener Koriander

Salz und Pfeffer

100 g Champignons (gewürfelt)

abgeriebene Zitronenschale von einer halben Zitrone

60 g Semmelbrösel

80 g getrocknete Cranberries

100 g getrocknete Aprikosen (gewürfelt)

200 g gemischte Nüsse (in der Pfanne leicht angeröstet, dann grob gehackt), z. B.: Walnüsse, Cashews, Haselnüsse und Paranüsse

4 Eier (verquirlt)

Außerdem:

1 kleiner Topf

1 große Bratpfanne

1 große Schüssel

1 Kastenkuchenform

Backpapier

Oma Rosi serviert ihren Nussbraten mit selbst gemachter Bratensoße, Serviettenknödeln und Apfelrotkohl.

1. Ofen vorheizen auf 180 Grad,
die Kastenkuchenform einfetten
und mit Backpapier ausschlagen.

2. Quinoa nach Packungsanweisung
in einem kleinen Topf kochen und
zum Auskühlen beiseitestellen.

3. 2 EL Olivenöl in einer großen
Bratpfanne bei mittlerer Hitze erwärmen.

4. Dann das Gemüse (Zwiebel, Knoblauch, Kürbis, Sellerie und Esskastanien)
und die Gewürze (Rosmarinblätter, Paprikapulver, Oregano, Zimt und
Koriander) hineingeben und alles gut mischen.
Mit Salz und Pfeffer würzen und umrühren.

5. Die Temperatur reduzieren, Deckel auflegen und alles bei kleiner Hitze
ca. 10 Minuten dünsten. Ab und zu umrühren.

6. Dann die Pilze dazugeben und noch 5 Minuten weiterdünsten
(oder bis das Gemüse weich, aber noch etwas bissfest ist).

7. Die Pfanne vom Herd nehmen, die Butter und die abgeriebene
Zitronenschale unterrühren.

8. Den Pfanneninhalt in eine große Schüssel gießen und mit dem
ausgekühlten Quinoa, den Semmelbröseln, den Trockenfrüchten,
Nüssen und den Eiern gut vermengen.

9. Jetzt die Mischung in die vorbereitete Kastenform streichen
und 45–50 Minuten im Ofen goldbraun backen.

10. Die Form aus dem Ofen nehmen, kurz abkühlen lassen,
dann den Nussbraten mit dem Backpapier aus der Form nehmen,
Backpapier entfernen und in 2 cm dicke Scheiben schneiden.